Kleine Übungen für große Gefühle

Wie du dich beruhigen kannst, wenn du wütend, aufgeregt, ängstlich oder traurig bist

Texte von SHARON SELBY
Illustrationen von ANNA HURLEY
Aus dem Englischen von MELANIE SCHIRDEWAHN

YES

1. Auflage 2023

Türkenstraße 89, 80799 München
info@yes-publishing.de

Die englische Originalausgabe erschien 2022 bei Rockridge Press, einem Imprint von Callisto Media, Inc., unter dem Titel *The Big Feelings Book for Children*.

Redaktion: Katharina Diestelmeier
Umschlaggestaltung: Ivan Kurylenko (hortasar covers)
Satz: Müjde Puzziferri, MP Medien, München
Druck: Livonia Print, Riga
Printed in Printed in Latvia

Für alle Kinder und ihre großen Gefühle.
Für alle Erwachsenen, denen Kinder und
ihre großen Gefühle am Herzen liegen.

INHALT

Hinweis für Eltern und Betreuende

Die folgenden Übungen sind am wirkungsvollsten, wenn der Gefühlssturm des Kindes gerade beginnt oder abklingt. Mitten im Auge des Orkans sind Kinder nicht in der Lage, auf eine rationale Ansprache zu reagieren. In solchen Momenten sollte man sich zugewandt zeigen und die Gefühle verständnisvoll hinnehmen.

ALLES WIRD GUT

Hast du manchmal Gefühle, die so GROSS sind, dass sie wie ein riesiger Wirbelsturm durch dich hindurchfegen? Damit bist du nicht allein, jeder Mensch kennt das! Aber wie schafft man es, dass dieser innere Sturm wieder aufhört?

In diesem Buch findest du einfache Übungen, die Spaß machen und dir helfen, die großen, wilden Gefühle in dir zu zähmen.

Hast du schon einmal von Achtsamkeit gehört? Achtsamkeit bedeutet, deine innere Pause-Taste zu drücken und alle Gefühle und Gedanken zu spüren, die du gerade hast. Es bedeutet auch, aufmerksam zu beobachten, was um dich herum passiert. Dieses Spüren, Lauschen und Beobachten kann dir helfen, wieder zur Ruhe zu kommen.

Du wirst aber schnell merken, dass dir manche Übungen in diesem Buch besser helfen als andere. Das liegt daran, dass jeder Mensch anders ist und andere Dinge braucht. Probier deshalb erst einmal alle Übungen aus, und pick dir dann deine Lieblingsübungen heraus.

Wenn du WÜTEND bist ...

Wut fühlt sich manchmal so an, als würde man explodieren. Das Herz klopft laut, es bleibt einem die Luft weg und die Gedanken fahren Achterbahn. Denk mal an einen Tag zurück, an dem du sehr wütend warst. Was war da in deinem Körper und deinem Kopf los?

In diesem Kapitel findest du vier Übungen, mit denen du deine Wut in den Griff bekommen kannst.

AMPEL: Die Farben der Ampel zeigen dir, was zu tun ist.

VULKANATMUNG: Lass die heiße Wut entweichen.

DER GEDANKENZUG: Welche Gedanken möchtest du haben?

WORTE MIT ZAUBERKRAFT: Sprechen kann helfen.

Ampel

Stell dir vor, du wärst ein Auto.

Wenn du wütend bist, gibst du richtig Gas!

Du kommst an eine **ROTE** Ampel. Rot heißt **STOPP!** Halt an und atme tief ein.

Gelb heißt: **FUSS VOM GAS!**
Überlege, was du tun könntest.

Grün heißt **LOS!** Setz dich an
einen stillen Ort und beruhige dich.

Vulkanatmung

Wenn man wütend ist, fühlt man sich manchmal wie ein Vulkan. Stell dir vor, die Wut in dir wäre heiße Lava. Atme tief ein. Halt kurz die Luft an und atme die Lava und die Hitze dann langsam aus. Wiederhol das fünf Mal. Du kannst deine Finger nutzen, um die tiefen Atemzüge zu zählen!

Der Gedankenzug

Was du denkst, beeinflusst, was du fühlst. Stell dir vor, deine Gedanken wären ein Zug. Du stehst an einem Bahnhof, an dem zwei Züge warten. Du entscheidest selbst, in welchen du einsteigst.

Nimmst du den Gedankenzug, der dich wütend macht?

Oder nimmst du den Gedankenzug, der dir Ruhe schenkt?

Worte mit Zauberkraft

Wenn man wütend ist, würde man dieses Gefühl am liebsten einfach wegzaubern. Probier es doch mal mit diesem Zauberspruch. Du musst einfach nur sagen: »Ich bin wütend!« Wetten, dass dich die Leute um dich herum fragen werden, was los ist? Es ist ihnen nämlich wichtig, wie es dir geht und was du fühlst. Erklär es ihnen, und deine Wut wird sich bestimmt bald in Luft auflösen.

Wenn du AUFGEREGT bist …

Aufgeregt zu sein, ist ein schönes Gefühl. Wenn man aber zu hibbelig ist, kann man andere damit stören. Woran erkennst du, dass du zu aufgeregt bist? Vielleicht schreist du herum und machst viel Lärm. Oder du redest einfach dazwischen und wartest nicht, bis du an der Reihe bist. Oder du kommst anderen zu nah und fasst sie an, ohne zu fragen. Wie geht es dir, wenn du richtig aufgeregt bist?

In diesem Kapitel findest du vier Übungen, die dir helfen können, deine Aufregung loszuwerden:

PRICKELNDE HÄNDE: Reib deine Hibbeligkeit weg.

SCHMETTERLINGSUMARMUNG: Umarme dich selbst und komm zur Ruhe.

RÜTTEL DICH UND SCHÜTTEL DICH: Befrei dich von deiner Aufregung.

HÜPF WIE EIN SPRINGTEUFEL: Lass deine Aufregung raus.

Prickelnde Hände

Du bestehst aus Energie. Wenn du aufgeregt bist, bewegt sich diese Energie in dir sehr schnell. Du kannst sie sogar spüren: Reib deine Handflächen fünf Sekunden lang schnell aneinander. Halt dann deine Hände ein Stückchen auseinander. Spürst du, wie die Energie, dieses Summen und Prickeln an deinen Handflächen, langsam verschwindet?

Schmetterlings-umarmung

Kreuze die Arme vor der Brust und leg die Hände oben auf deine Schultern. Lass deine Augen offen oder schließe sie. Klopf dir mit der linken Hand auf die rechte Schulter. Wiederhol das mit der rechten Hand auf der linken Schulter. Du kannst so langsam oder schnell klopfen, wie du willst, und solltest gleichmäßig und tief atmen. Deine klopfenden Hände sehen dabei aus wie Schmetterlingsflügel. Spürst du, wie du langsam ruhiger wirst?

Rüttel dich und schüttel dich!

Befrei dich von deiner Aufregung! Es ist ganz einfach: Zuerst schüttelst du den rechten Arm und zählst dabei bis drei. Dann schüttelst du den linken Arm und zählst wieder bis drei. Als Nächstes schüttelst du dein rechtes Bein und zählst dabei bis zwei. Dann kommt dein linkes Bein an die Reihe. Zum Schluss schüttelst du deinen ganzen Körper einmal kräftig durch. Wenn du willst, kannst du alles noch einmal wiederholen!

Hüpf wie ein Springteufel!

Hast du manchmal das Gefühl, vor Aufregung fast zu platzen? Lass deine Anspannung und Aufregung raus! Stell dir vor, du wärst ein Springteufel, und geh in die Hocke. Zähl bis drei und spring dann so hoch, wie du kannst. Wiederhol das fünf Mal.

Wenn du ANGST hast …

Bist du manchmal ängstlich oder machst dir Sorgen? Hast du dann vielleicht Bauchweh? Zitterst du oder kannst kaum noch sprechen? Dein Körper reagiert bei Angst so, weil dein Gehirn glaubt, dass du in großer Gefahr bist – auch wenn das gar nicht stimmt.

In diesem Kapitel findest du vier Übungen, die dir helfen können, wenn du Angst hast.

SPÜL DEINE SORGEN WEG: Stell dir vor, du wärst am Meer.

UNKRAUT JÄTEN: Lass sorgenvolle Gedanken verschwinden.

SEESTERN-ATMUNG: Entspanne deinen ganzen Körper.

ICH KANN WAS TUN: So bekommst du die Kontrolle zurück.

Spül deine Sorgen weg!

Atme tief ein. Stell dir vor, all deine Sorgen würden in einem riesigen Haufen am Strand liegen. Atme aus. Beobachte, wie eine große Welle kommt und deine Sorgen wegspült. Atme ein und stell dir vor, dass die Welle sich wieder aufbaut. Atme dann aus und spür, wie die Welle noch mehr Sorgen wegspült. Wiederhol das so lange, bis es dir besser geht.

Unkraut jäten

Stell dir vor, deine Gedanken wären ein Garten. Die Blumen sind deine glücklichen Gedanken, das Unkraut sind deine sorgenvollen Gedanken.

Schließ die Augen und stell dir vor, du würdest Unkraut jäten. Du ziehst also die sorgenvollen Gedanken heraus und wirfst sie weg. Wie fühlt sich das an? Und welche schönen Gedanken hast du?

Seestern-Atmung

Wenn du ängstlich bist, kannst du eine Entspannungsübung machen. Leg dich auf den Rücken und breite deine Arme und Beine wie ein Seestern aus. Atme tief ein und halt die Luft drei Sekunden lang an. Atme dann langsam und tief aus. Fühl, wie deine Arme und Beine den Boden berühren. Spür, wie dein Kopf und dein ganzer Körper sicher am Boden liegen. Atme weiter ein und aus, bis du ganz entspannt bist.

Ich kann was tun!

Manche Dinge kann man nicht beeinflussen. Es gibt aber fast immer irgendetwas, das man doch kontrollieren kann. Man kann etwas **TUN.** Überlege, was das sein könnte. Vielleicht macht es dir Angst, dass du auf eine neue Schule kommst? Dann könntest du dich zum Beispiel vor deinem ersten Schultag schon mal an deiner neuen Schule umsehen.

Wenn du TRAURIG bist …

Traurig sind wir alle mal, aber es fühlt sich trotzdem nicht gut an. Lass deinen Tränen freien Lauf, wenn dir danach zumute ist. Oft ist das besser, als den Kummer in sich hineinzufressen. Wie hast du dich gefühlt, bevor du traurig wurdest? Warst du vielleicht wütend? Manchmal hat man mehrere Gefühle gleichzeitig und ist nicht nur traurig, sondern auch ängstlich oder besorgt.

In diesem Kapitel findest du vier Übungen, die gegen traurige Gefühle helfen:

SILBERSTREIF AM HORIZONT: Denk an schöne Dinge, die dir helfen können.

MEIN GLÜCKSORT: Denk an einen ruhigen Ort, der dich glücklich macht.

KREIS-ATMUNG: Atme tief ein, um dich zu beruhigen.

GEWITTERWOLKEN: Lass die Gefühle raus.

Silberstreif am Horizont

Stell dir vor, dein Kummer wäre eine dunkle Wolke. Stell dir dann vor, die Sonne würde hervorkommen und der dunklen Wolke einen hellen, leuchtenden Umriss geben – deinen Silberstreif am Horizont, der dich wieder aufbaut!

Sonne tut gut! Denk an schöne Dinge, die dir ein gutes Gefühl geben. Wofür bist du zum Beispiel dankbar?

Mein Glücksort

Gedanken können Gefühle erzeugen. Wenn du traurig bist, kann es helfen, wenn du dir vorstellst, an einem schönen Ort zu sein. Welcher Ort macht dich so richtig glücklich? Ist es vielleicht ein Zimmer bei dir zu Hause? Dann denk an diesen Ort. Was riechst, hörst, fühlst und schmeckst du dort? Besuch diesen schönen Ort in Gedanken immer dann, wenn du traurig bist.

Kreis-Atmung

Wenn man traurig ist, atmet man schneller.

Stell dich aufrecht hin und atme ganz tief ein. Heb dabei die Arme in einem großen Kreis bis über den Kopf.

Dann atme aus und senk die Arme in einem großen Kreis wieder ab.
Wiederhole das so oft wie nötig.

Gewitterwolken

Tränen können helfen, die traurige Gewitterwolke in deinem Körper zu entleeren. Lass alle Tränen fließen, halt nichts zurück. Weinen hilft dem Körper dabei, den Kummer loszuwerden.

Es hilft auch, wenn du mit anderen über deinen Kummer sprichst. Traurige Gefühle sind wie ein Gewitter, das aufzieht, sich ausregnet und dann wieder verschwindet.

Über die Autorin

Sharon Shelby berät seit 24 Jahren Kinder, Jugendliche und Familien psychologisch. Darüber hinaus ist sie Ratgeberautorin, Vortragsrednerin und Medienberaterin. Sie lebt und arbeitet im kanadischen West Vancouver. www.SharonSelby.com.

Über die Illustratorin

Anna Hurley verbringt die meiste Zeit mit Zeichnen, ob beruflich oder privat. Ihre Arbeitsschwerpunkte sind Branding, Verpackungsdesign und Kinderbuchillustration. Zudem hat sie eine Vielzahl anderer Druckerzeugnisse illustriert. Anna lebt und arbeitet im kalifornischen Oakland.